LES COCUS ÇA S'ARROSE

Piou DAHENNE

Editions ART ET COMÉDIE
2, rue des Tanneries
75013 PARIS

Tous droits de reproduction, d'adaptation
et de traduction réservés pour tous pays
ISBN : 2-84422-507-1
© Editions théâtrales ART ET COMEDIE 2006

NOTE SUR L'AUTEUR

Piou Dahenne vit en Charente-Maritime. Elle écrit des sketches et des comédies et dirige une compagnie de théâtre amateur qu'elle a créée en 2003.

Après *On va marier l'Fernand* (même éditeur), réel remède contre la morosité confirmé par de nombreuses représentations dans l'hexagone, cette nouvelle pièce est dans la même lignée et, suggestion du public, devrait être prescrite en « rigolothérapie ».

DÉCORS

Deux décors, faciles à changer en moins de trois minutes : un intérieur bourgeois et un autre plus campagne.

A titre indicatif : décor fixe. Mettre des panneaux de fond avec une fenêtre et deux portes.

Fixer sur le panneau de la fenêtre dès le départ deux tringles avec des rideaux différents dans les deux actes (le premier cachant le deuxième). Sur les autres panneaux, des tableaux différents dans les deux actes. Dans le 1ᵉʳ acte, par exemple, une table de bridge avec un plateau rond posé dessus fera la table de salle à manger et dans le 2ᵉ acte sans le rond mais juponnée avec une ouverture face au public, elle sera très bien pour que Victor se cache dessous. Dans le 1ᵉʳ acte, un téléphone et une petite table basse. La desserte avec nappe pour le petit déjeuner dans le 1ᵉʳ acte devient la table de bureau dans le 2ᵉ acte. Un lampadaire dans le 1ᵉʳ acte, une plante verte dans le 2ᵉ. Pour le salon dans le 2ᵉ acte, une table basse et un salon léger ou en réaliser un avec un banc et deux fauteuils de jardin recouverts de tissu.

PERSONNAGES

EGLANTINE : La femme B.C.B.G.

LUCIENNE : La bonne.

CAMILLE : L'amie d'Eglantine, voyante, médium, un peu extravagante.

MARION : La sœur de Pierre et cousine de Camille, très délurée.

VICTOR : Le mari d'Eglantine, homme d'affaires très volage.

PIERRE : Le cousin de Camille, gentleman-farmer, veuf éploré.

ACTE 1

Dans un salon bourgeois, Lucienne entre avec son plumeau à la main. Elle regarde l'heure, met son walkman et commence à danser et à chanter tout en passant le plumeau. Elle prend sur un meuble la photo de Victor et passe le plumeau dessus.

LUCIENNE *(regardant la photo, sur un ton de remontrance mais aussi un peu narquois)* - J'ai l'impression que Monsieur a encore fait des siennes. Monsieur va se faire enguirlander et Monsieur ne l'aura pas volé, comme d'habitude… Ah! si Monsieur était mon mari, il y a bien longtemps que Monsieur filerait doux, c'est sûr! Mais cette pauvre Madame est bien trop gentille. Enfin! *(Elle pose la photo et reprend son ménage tout en chantant et se tortillant.)*

Eglantine entre.

EGLANTINE - Lucienne, vous perdez l'esprit!

LUCIENNE *(sursautant)* - Oh! bonjour Madame! Que Madame m'excuse. *(Elle range vite son walkman et son plumeau.)* Madame a-t-elle bien dormi?

EGLANTINE - Très bien, merci.

LUCIENNE - Madame prendra-t-elle son café tout de suite ou attend-elle Monsieur?

EGLANTINE - Je le prends tout de suite. *(Lucienne se retourne pour préparer le café.)* Dites-moi, Lucienne, justement à propos de Monsieur, savez-vous à quelle heure Monsieur est rentré?

Reproduction Interdite

LUCIENNE - Non, Madame, j'avais pris ma tisane pour dormir. *(Vraiment très ennuyée.)* Madame aurait dû me dire, je n'aurais pas pris de tisane et j'aurais guetté.

EGLANTINE - Ce n'est rien, Lucienne.

LUCIENNE - En tout cas, il est rentré : son manteau et son chapeau sont dans le vestibule.

EGLANTINE - C'est déjà ça.

Eglantine se lève et va chercher une revue sur la table du téléphone. Lucienne prépare le plateau du petit déjeuner. Victor entre, un journal à la main.

VICTOR - Bonjour ma petite Lucienne. *(Il lui donne une tape sur les fesses.)*

EGLANTINE *(se retournant, d'un ton pincé)* - En voilà des manières ! Vous vous laissez aller, mon cher.

VICTOR - Vous vous méprenez ! Lucienne avait un faux pli sur sa jupe. *(Il embrasse distraitement sa femme sur le front.)* Bonjour ma chère. Avez-vous bien dormi ? *(Sans attendre la réponse, à Lucienne.)* Pour moi ce sera la même chose que Madame.

Ils s'installent à table et Victor commence à lire le journal.

LUCIENNE - Bien, Monsieur. *(Elle va chercher le café.)* Votre café, Monsieur.

VICTOR - Merci Lucienne. *(Il prend son café et des viennoiseries tout en lisant le journal.)*

LUCIENNE - Madame désire-t-elle autre chose ?

EGLANTINE - Ce sera tout. Vous pouvez disposer, merci. *(Lucienne sort. Eglantine s'adresse à son mari.)* Alors, mon cher, êtes-vous rentré tard ?

VICTOR *(hésitant et inquiet)* - Euh… oui… Que faites-vous aujourd'hui ?

EGLANTINE - Ne changez pas de conversation.

VICTOR - Loin de là mon idée ! Je m'inquiète de votre journée, tout simplement.

EGLANTINE - Camille vient me voir tout à l'heure.

Voyant qu'Eglantine a changé de conversation, Victor se détend.

VICTOR - Je trouve que Camille n'a pas une très bonne influence sur vous. Une tireuse de cartes !

EGLANTINE - Vous dites n'importe quoi. Et puis je fréquente qui je veux. A présent je réitère ma question : êtes-vous rentré tard ?

A nouveau tendu et gêné, Victor prend vite son journal et fait semblant de lire.

VICTOR - Oui… La réunion n'en finissait pas.

EGLANTINE - Et à quelle heure a-t-elle fini ?

VICTOR *(derrière son journal, au public)* - Sait-elle ou ne sait-elle pas ? *(Il fait semblant de lire le journal.)*

EGLANTINE - Je vous parle. Avez-vous entendu ma question ?

VICTOR - Pardon, je lisais le journal.

EGLANTINE - Bon, puisque maintenant vous écoutez, à quelle heure a-t-elle fini ?

VICTOR *(agacé)* - Mais de quoi parlez-vous ? Vous savez, ma chère, vous êtes difficile à suivre le matin.

EGLANTINE *(en colère)* - Vous vous moquez de moi ! Je vous parle simplement de votre réunion d'hier soir !

VICTOR *(toujours gêné, mais jouant le naïf)* - Ah oui ! La réunion… *(Il reprend son journal.)*

EGLANTINE - Vous savez que vous êtes exaspérant ? Allez-vous me dire à quelle heure vous êtes rentré ?

VICTOR *(toujours derrière le journal, au public)* - Mieux vaut dire la vérité, elle a sûrement regardé l'heure. *(A Eglantine.)* Trois heures, je crois.

EGLANTINE - Dites donc, avec des réunions de travail aussi tardives, les affaires doivent être florissantes !

VICTOR *(très vague)* - Oh ! vous savez…

EGLANTINE - Eh bien, non, justement, je ne sais pas. Alors expliquez-moi ce qui justifie des réunions aussi tardives.

VICTOR *(surpris, s'embrouillant un peu)* - Euh… ce serait trop compliqué à expliquer et à comprendre.

EGLANTINE - Dites tout de suite que je suis sotte !

VICTOR - Mais pas du tout, ma chère ! Loin de moi cette idée !

EGLANTINE - Alors j'attends.

VICTOR *(innocent)* - Quoi ?

EGLANTINE - Eh bien, des explications sur la complexité des affaires.

VICTOR - Pardon ? Comme ça, le matin, au petit déjeuner ?

EGLANTINE - Pourquoi pas ?

VICTOR - Mais… *(Soulagé, ayant trouvé une excuse.)* Je lis mon journal !

EGLANTINE - Vous pouvez bien le lire dans quelques minutes, les nouvelles ne vont pas changer en si peu de temps et moi j'aimerais savoir.

VICTOR *(de plus en plus ennuyé et énervé)* - Mais savoir quoi ?

EGLANTINE - Savoir par exemple comment une réunion d'affaires peut durer aussi longtemps.

VICTOR *(faussement naïf)* - Ah ! ça !

Reproduction Interdite

EGLANTINE - Oui, « ça ». Alors ?

VICTOR - C'est que je ne vois pas comment vous expliquer. Les affaires, ce n'est pas simple. Et par où commencer ?

EGLANTINE - Par le début me semble être la chose la plus logique.

VICTOR - Naturellement. Mais je ne suis pas bon pédagogue, je ne suis pas très doué pour expliquer les affaires… *(Face au public.)* Je suis plus doué pour les conclure…

EGLANTINE *(ironique)* - Le contraire m'eut étonné.

VICTOR - Pardon ?

EGLANTINE *(narquoise)* - Rien. Mais puisque vous ne savez pas par où commencer, le plus simple c'est de me livrer les informations en vrac, je ferai le tri.

VICTOR - Bon, commençons par le début. Il y a huit jours, avec mes collaborateurs, nous avons raté une affaire de la plus haute importance. *(Il s'arrête.)*

EGLANTINE *(narquoise)* - Continuez, mon ami, je vous assure que jusque-là je comprends tout.

VICTOR - Mais ça va se compliquer, il me faudrait des documents, des dates, des chiffres, des…

On sonne à la porte.

EGLANTINE *(se retournant et appelant)* - Lucienne ! Lucienne ! Allez ouvrir !

LUCIENNE *(off)* - Bien, Madame… Oh ! bonjour madame Longchamps ! Madame et Monsieur sont au salon.

EGLANTINE - C'est Camille ? Déjà ?

Eglantine se lève pour aller à la rencontre de Camille qui entre.

VICTOR *(au public)* - Sauvé par le gong ! *(Il termine son café et se lève.)*

EGLANTINE - Ma chère Camille, comme je suis heureuse de vous voir ! Cela faisait si longtemps ! Lucienne, s'il vous plaît… *(Lucienne arrive.)* Prenez les affaires de Mme Longchamps.

Camille enlève son manteau. Elle ne voit pas Victor.
Lucienne va ranger les vêtements, revient et attend les ordres.

CAMILLE - Je suis navrée d'être en avance, mais pour une fois les chemins de fer sont arrivés à l'heure et Mme Mirepois chez qui je devais m'arrêter avant de venir ici n'était pas là. *(Elle se retourne et voit Victor.)* Victor ! Mon cher ami ! *(Toujours très dragueur, il lui fait un baisemain très appuyé en remontant le long du bras.)* Oh ! vous alors !

VICTOR - Ma chère Camille, je suis ravi de vous voir. Vous êtes très en beauté.

CAMILLE - Quel flatteur vous faites ! Je suis désolée, je ne savais pas que vous étiez là. Je vais revenir plus tard.

VICTOR *(heureux d'échapper aux questions d'Eglantine)* - Certainement pas ! Je dois partir travailler.

EGLANTINE - Nous reprendrons notre conversation ce soir. N'est-ce pas, mon cher ?

VICTOR - Quand vous voulez. *(Pendant que Camille et Eglantine s'installent à table, il va poser son journal sur la table du téléphone. Puis, au public.)* Ouf ! Pour une fois, cette brave Camille me sauve la mise ! J'étais à bout d'arguments.

Victor part et, en passant, donne une tape sur les fesses de Lucienne, qui pousse un petit cri.

LUCIENNE - Ah !

EGLANTINE - Qu'y a-t-il, Lucienne ?

LUCIENNE - Rien, Madame. Seulement un sale moustique.

EGLANTINE - Au lieu de chasser les moustiques, préparez le café s'il vous plaît. *(A Camille.)* Vous prendrez bien un café ?

CAMILLE - Oui, avec plaisir.

EGLANTINE - Lucienne, s'il vous plaît, avec le café amenez quelques viennoiseries.

LUCIENNE - Bien, Madame.

EGLANTINE - Merci, Lucienne, ce sera tout.

Lucienne sort.

CAMILLE - Vous êtes sûre que je ne dérange pas ? J'ai senti Victor un peu ennuyé.

EGLANTINE - Oh ! ce n'est rien ! Juste une explication qu'il avait bien du mal à me donner. Vous savez, votre arrivée lui a évité un mensonge supplémentaire.

CAMILLE - Non ! Ne me dites pas qu'il a encore fait des siennes !

EGLANTINE - Certainement. Et pas plus tard qu'hier soir. Imaginez : il est rentré à trois heures du matin ! Une réunion de travail, paraît-il. Mais je vous assure qu'il était bien ennuyé au moment de m'expliquer l'objet de cette réunion. Grâce à vous il s'en tire bien… enfin, jusqu'à ce soir.

CAMILLE - Ah ! ces hommes ! Il n'y en a pas un pour rattraper l'autre ! Si vous saviez tout ce que j'entends avec ma clientèle !

EGLANTINE - Parce qu'elles vous racontent leurs histoires intimes ?

CAMILLE - Parfaitement.

EGLANTINE - Mais je ne comprends pas. C'est vous qui devriez parler, pas elles !

CAMILLE - Evidemment, au début, tirer les cartes ça m'amusait, c'était un passe-temps, jusqu'à l'hiver dernier où au cours d'un dîner

Reproduction Interdite

chez des amis un monsieur très imbu de sa personne, « moi ceci, moi cela »… Bref, il m'énervait, alors comme pour faire une blague, je lui ai dit : « Monsieur, j'admire votre joie de vivre. Profitez-en bien ce soir, mais dès demain je vous conseille de vérifier toute la comptabilité de votre entreprise. » « Pardon ? » me dit-il. Alors je lui ai dit : « Je vous dis ça parce que dans une semaine ou deux vous aurez un contrôle. »

EGLANTINE - Et alors ?

CAMILLE - Je peux vous dire que ça l'a perturbé le bonhomme, surtout quand un des invités a ajouté : « Attention, mon cher, Camille ne se trompe jamais. » On ne l'a plus entendu piper de la soirée. Le bonheur !

EGLANTINE - Et plus tard il a bien vu que c'était une blague ?

CAMILLE - C'est là le pire, parce qu'il l'a eu son contrôle ! Depuis, tout le monde a cru que je voyais tout et il y a eu invasion. Ils voulaient tout savoir. Les gens se bousculaient pour venir consulter. C'était devenu une corvée. Vous savez, rabâcher tous les jours la même chose ou presque, j'étais à court d'idées.

EGLANTINE - Ce n'est pas croyable !

CAMILLE - C'est là que je me suis rendu compte que les gens avaient autant besoin de savoir que de parler.

EGLANTINE *(étonnée)* - Ah bon !

CAMILLE - Oui, après la consultation, ils se sentaient le besoin de me raconter leur vie.

EGLANTINE *(très étonnée)* - Non !

CAMILLE - Je vous assure. J'ai donc changé de méthode. C'est fou ce que les gens ont de choses à dire. C'est bien simple : dans mes consultations, je ne parle presque plus, ce sont eux qui racontent, alors je suis devenue voyante-confidente. Je vous assure, une clientèle qui parle, c'est très amusant et beaucoup moins fatigant.

EGLANTINE - Remarquez, ça ne m'étonne qu'à moitié. Les femmes sont si bavardes !

CAMILLE - Les hommes aussi, vous savez.

EGLANTINE *(très étonnée)* - Parce que les hommes viennent vous voir ?

CAMILLE - Parfaitement. Et contrairement aux idées reçues, ils ont la langue bien pendue, croyez-moi, surtout quand il s'agit de se vanter.

EGLANTINE - Et de quoi ?

CAMILLE - De leur boulot et surtout de leurs conquêtes.

EGLANTINE - Non ! Ils vous racontent ça ?

CAMILLE - A les écouter, ils sont irrésistibles, les femmes se jettent à leurs pieds. Enfin, il vaut mieux entendre ça que d'être sourde !

EGLANTINE - Heureusement que Victor n'est pas votre client, une journée ne suffirait pas à faire la liste de ses conquêtes ! Mais je ne comprends pas très bien. Ils viennent vous voir pour se vanter et c'est tout ?

CAMILLE - Pas seulement, c'est vrai. Mais dès qu'ils ont une nouvelle conquête en vue, ils veulent savoir si ça va marcher, pour ne pas perdre de temps, disent-ils.

EGLANTINE - Mais ils sont infâmes !

CAMILLE *(blasée)* - Ce sont des hommes ! *(Ton normal.)* Les femmes, c'est autre chose : c'est pour se plaindre des frasques de leurs maris.

EGLANTINE *(abasourdie)* - Ce que vous me dites là est insensé.

CAMILLE - Comme vous le dites, mais c'est mon gagne-pain. Alors pour moi c'est : « Cause toujours, tu m'intéresses, et par ici la monnaie. »

EGLANTINE - Tant pis pour eux, vous avez raison de leur soutirer leur argent. Moi j'aimerais bien en faire baver un peu à Victor, parce que là, j'en ai marre, marre, marre.

CAMILLE - Ne me dites pas qu'il a encore une nouvelle maîtresse !

EGLANTINE - Oui. Certainement.

CAMILLE *(étonnée)* - Certainement ! Comment cela ?

EGLANTINE - J'ai appris que Mlle Fergeois, sa dernière en date, était partie travailler en Italie. Alors pour rentrer à trois heures comme ce matin, c'est qu'il doit y en avoir une autre. Voulez-vous un peu plus de café ? Un petit croissant ?

CAMILLE - Avec plaisir, merci.

EGLANTINE *(appelant)* - Lucienne ! *(Lucienne arrive.)* Donnez-nous un peu de café et quelques viennoiseries, s'il vous plaît.

LUCIENNE - Bien, Madame.

Lucienne va jusqu'à la desserte et prend les viennoiseries. Elle les dépose sur la table et reste près de la desserte pour ranger. Elle écoute distraitement.

EGLANTINE - Savez-vous ce qui m'inquiète ? C'est l'approche des vacances.

CAMILLE - Où partez-vous ?

EGLANTINE - Rien n'est encore fait, mais sûrement à Ibiza.

CAMILLE *(se levant d'un bond)* - Mon Dieu ! Ibiza ! Mais il faut refuser, ma chère ! Faites n'importe quoi mais ne partez pas à Ibiza, c'est très dangereux !

EGLANTINE - Ah bon ! Pourquoi est-ce si dangereux ?

CAMILLE - Imaginez-vous que là bas, les filles sont à moitié nues !

EGLANTINE - Elles sont toutes comme ça sur les plages.

Reproduction Interdite

CAMILLE - Pas du tout ! Là-bas il leur faut dix centimètres de tissu pour faire une douzaine de maillots.

EGLANTINE - Non !

CAMILLE - Si ! Croyez-moi, il faut un autre endroit pour vos vacances. Mais, au fait, pourquoi partez-vous maintenant ?

EGLANTINE - J'étais un peu déprimée et Victor m'a dit de prendre des vacances. J'ai refusé bien sûr de partir sans lui. Alors il m'a proposé de venir avec moi car il peut être charmant, quelquefois.

CAMILLE - Mais il est pas fou, le bougre ! C'est lui qui a proposé Ibiza ?

EGLANTINE - Oui. Moi, je ne savais pas où aller.

LUCIENNE *(tout en restant derrière la desserte, comme si elle rêvait à haute voix)* - Moi, si j'avais des vacances, je sais bien où j'irais.

EGLANTINE - Pardon ?

LUCIENNE *(gênée, comme prise en faute, s'avançant)* - Que Madame m'excuse, j'écoutais distraitement et je rêvassais.

EGLANTINE - Eh bien, cessez de rêvasser et allez.

Lucienne retourne vers la desserte.

CAMILLE - Attendez, Lucienne. *(A Eglantine.)* Quelquefois les idées lumineuses viennent de ceux à qui l'on pense le moins. Vous permettez ?

EGLANTINE - Oui, mais qu'y a-t-il ?

CAMILLE *(se levant, à Lucienne)* - Dites-nous, Lucienne, où iriez-vous en vacances ?

LUCIENNE - A la campagne.

EGLANTINE - Quelle drôle d'idée ! C'est à mourir d'ennui.

LUCIENNE - Peut-être, Madame… *(Très fière.)*… mais moi, au moins, je suis tranquille.

CAMILLE - Expliquez-vous.

LUCIENNE - Voilà, je dis que je suis tranquille, parce qu'à la campagne, mon Marcel est à la pêche et moi j'ai l'œil dessus.

CAMILLE - Parce que votre Marcel… aussi ? *(Gestes, sous-entendu : il cavale.)*

LUCIENNE - Oui, comme j'vous l'dis. Quand je suis ici, allez savoir ce qu'il fabrique ! Ils sont bien tous pareils, vous pouvez me croire. Il suffit d'une nana qui passe et hop !

CAMILLE - Ah bon ? *(Elle revient s'asseoir près d'Eglantine.)*

LUCIENNE *(convaincue)* - Et comment donc ! *(Insistante.)* Un vrai lapin ! Et en ville, c'est pas facile de surveiller. Mais quand on est en vacances à la campagne, mon petit Marcel, je l'installe sur son petit tabouret, devant la rivière avec sa canne à pêche… *(Sévère.)*… et je suis juste derrière lui avec un ouvrage. Vous comprenez… Même que…

EGLANTINE *(ayant du mal à garder son sérieux)* - Je pense que nous avons compris, ce sera tout.

LUCIENNE - Bien, Madame. *(Elle se retourne pour partir, mais se ravise. A Eglantine.)* Mais si Madame veut en savoir plus, je suis à la disposition de Madame. Parce que où je vais… *(Ironique.)*… y a pas de bikinis pour tenter mon Marcel.

EGLANTINE - J'en suis sûre, Lucienne. Merci. Ce sera tout. *(Lucienne sort et Eglantine éclate de rire.)* Oh ! que c'est drôle ! J'imagine son petit Marcel, avec sa petite canne à pêche, son gros derrière cloué sur son petit tabouret, et ma Lucienne avec son tricot, le surveillant. *(En riant.)* C'est désopilant !

CAMILLE - Ne riez pas, ce n'est pas si bête son truc. Ça me donne même une idée.

EGLANTINE *(toujours en riant)* - Ne me dites pas que je dois dire à Victor que nous allons à la pêche ? Il me ferait enfermer, c'est sûr !

CAMILLE - Non, pas à la pêche, mais à la campagne.

EGLANTINE *(s'arrêtant de rire)* - C'est la même chose. En voilà une idée saugrenue ! Victor ne voudra jamais et moi je vais y mourir d'ennui.

CAMILLE - Il faut savoir faire des sacrifices si on veut avoir la paix. Imaginez un endroit avec de l'herbe… des arbres… des fleurs… des vaches…

EGLANTINE *(écœurée)* - Beurk… beurk… beurk…

CAMILLE - … et pas un bikini à l'horizon.

EGLANTINE - Oui, évidemment. Mais, Victor, il lui suffit d'un jupon pour être émoustillé.

CAMILLE - Sauf si vous allez passer vos vacances dans un endroit où il n'y a pas âme qui vive à moins de cinq kilomètres.

EGLANTINE - Ça existe ?

CAMILLE - Oui, chez mon cousin Pierre.

EGLANTINE - Et il n'est pas marié votre cousin ?

CAMILLE - Sa femme est morte il y a quinze ans et depuis il est triste à mourir. C'est pour ça que je n'y vais jamais. Remarquez, avant, il n'était pas gai non plus, parce que sa femme était une sacrée égoïste. Une seule chose comptait : elle et les petits oiseaux. Bref, il a une très grande et très belle maison et il fait chambres d'hôtes.

EGLANTINE *(catégorique)* - Victor ne voudra pas.

CAMILLE - Mais si, dites-lui que c'est très à la mode… *(A chaque suggestion, Eglantine fait signe que non.)*… que toute la jet-set se retrouve là-bas… Que sais-je ? *(Ton satisfait.)* Qu'il y a actuellement l'élection de Miss Poitou… *(On peut changer la région.)*

EGLANTINE - Ah bon ?

CAMILLE - Mais non ! Mais connaissant Victor, c'est un bien petit mensonge qui peut marcher.

Reproduction Interdite

EGLANTINE - Mais s'il y a d'autres clients en même temps, ou plutôt des clientes ?

CAMILLE - Ah ! je n'avais pas pensé à ça ! Permettez que je téléphone à mon cousin. Quand deviez-vous partir ?

EGLANTINE - Du 1er au 15.

Camille prend le téléphone et appelle.

CAMILLE *(au téléphone)* - Allô ! Pierre ? C'est Camille… (…) Oui, bien, merci. Et toi ? (…) Tant mieux. Dis, je t'appelle pour savoir si tu as une chambre de libre du 1er au 15. (…) Oui, parfait. Autre chose, si c'est pas trop indiscret : quels sont les clients pendant cette période ? (…) Oui, j'attends. *(A Eglantine.)* Il cherche. *(Au téléphone.)* Oui, Pierre, j'écoute. (…) Un couple de personnes âgées ? *(A Eglantine.)* C'est parfait. *(Au téléphone.)* Et un couple de… messieurs. Tant mieux.

EGLANTINE - Ce sera gai, gai, gai !

CAMILLE *(à Eglantine)* - Là, vous n'aurez aucun problème. *(Au téléphone.)* Réserve la troisième chambre pour mes amis, M. et Mme Catrios. (…) C'est gentil. A bientôt. *(Elle raccroche. A Eglantine.)* Voilà, c'est fait. Il attend simplement votre confirmation.

EGLANTINE - Mais comment faire pour annoncer ça à Victor ?

CAMILLE - Comme une surprise que vous lui faites, une seconde lune de miel, que vous avez gagné quinze jours de vacances à un jeu… Un peu d'imagination, que diable !

EGLANTINE *(triste)* - C'est ce qui me fait le plus défaut en ce moment.

CAMILLE - Allons, ne soyez pas triste, nous allons trouver. *(A ce moment-là, Victor revient. Camille, exubérante, se lève et va vers lui.)* Vous savez que vous tombez à pic, mon cher Victor ? Vous avez une chance inouïe !

VICTOR - Ah bon ! Pourquoi ?

CAMILLE - Votre adorable Eglantine vient de gagner quinze jours de vacances de rêve pour deux personnes.

VICTOR - Comment ça ?

CAMILLE - A un jeu radiophonique que nous avons fait il y a dix minutes.

VICTOR - Et où se passe ce séjour de rêve ?

CAMILLE - A la campagne.

VICTOR *(moqueur)* - Je comprends qu'ils les offrent, leurs séjours ! Personne ne doit en vouloir ! Ce doit être d'un sinistre !

EGLANTINE *(commençant à implorer un peu)* - Mais j'ai gagné Victor… et pour deux…

VICTOR *(désinvolte)* - Allez-y avec votre amie. *(Il montre Camille.)*

CAMILLE - Impossible, j'ai trop de rendez-vous. C'est bien dommage. Mais vous auriez tort de vous en priver. Pensez donc ! Il va y avoir une ambiance du feu de dieu !

VICTOR - De l'ambiance ? A la campagne ? Vous perdez l'esprit !

CAMILLE - Pendant cette même période, il y aura l'élection de Miss Poitou.

VICTOR *(intéressé)* - Miss Poitou ? Et comment savez-vous ça ?

CAMILLE *(très sûre d'elle)* - Je suis au courant de tout, vous le savez bien.

EGLANTINE *(implorant)* - Victor, dites oui ! Je suis si contente d'avoir gagné !

VICTOR - Bon, puisque cela vous fait plaisir… *(Ton dramatique.)*… je vais me sacrifier.

EGLANTINE *(contente)* - Alors c'est oui ? Je confirme ?

VICTOR *(comme s'il lui faisait une fleur)* - Mais oui, confirmez. Je peux me sacrifier pour vous faire plaisir.

CAMILLE - Bon, je vous laisse. *(Baisemain de Victor.)* Vous allez passer un séjour de rêve. Ah ! je vous envie, vous savez ! *(Bise à Eglantine.)* Au revoir, chère amie.

EGLANTINE - Je vous raccompagne.

Eglantine et Camille sortent.

VICTOR *(face au public, très content, se frottant les mains)* - Oh ! mes amis, quel séjour en perspective ! *(Mimer les formes.)* Miss Poitou… Miss Poitou…

ACTE 2

A la campagne, dans le salon. Pierre range quelques papiers. Le téléphone sonne. Il décroche. Voix off de Camille.

PIERRE - Allô!

CAMILLE *(off)* - Allô! Pierre? C'est Camille.

PIERRE - Camille! Comment vas-tu? Alors, quand viens-tu me voir?

CAMILLE *(off)* - Très prochainement, promis.

PIERRE - Je suis bien content. Que puis-je pour toi?

CAMILLE *(off)* - Est-ce que mon amie Mme Catrios est là?

PIERRE - Oui. Tu veux lui parler?

CAMILLE *(off)* - Oui, s'il te plaît.

PIERRE - Je l'appelle. Il y a un instant, elle était dans le parc. *(Il ouvre la fenêtre ou la porte et appelle.)* Madame Catrios! Madame Catrios! C'est Camille pour vous au téléphone! *(Il revient au téléphone.)* Elle arrive. Je te laisse.

Eglantine entre et Pierre part.

CAMILLE *(off)* - Alors, ma chère, comment cela se passe-t-il après huit jours au vert?

EGLANTINE - C'est la catastrophe.

Reproduction Interdite

CAMILLE - Mais pourquoi ?

EGLANTINE - Il y a une femme.

CAMILLE - Impossible, voyons, Pierre m'avait bien dit…

EGLANTINE - Je vous assure ! Une certaine Marion…

CAMILLE - La sœur de Pierre ?

EGLANTINE - C'est cela.

CAMILLE - Je suis désolée. Si je m'attendais ! Il faut dire que la petite Marion est une sacrée belle plante. Mais que fait-elle là ?

EGLANTINE - Elle aide semble-t-il son frère et, au passage, je crois bien qu'elle s'occupe aussi de mon mari.

CAMILLE - En êtes-vous sûre ?

EGLANTINE - Oh oui ! Parce que en voyant cette créature, j'ai dit à Victor que finalement je m'ennuyais à la campagne, que je voulais rentrer à la maison. Eh bien, il a insisté pour rester, pour l'air pur soi-disant. Enfin, je me dis qu'ici ou ailleurs…

CAMILLE - Je suis sincèrement désolée. Que faites-vous aujourd'hui ?

EGLANTINE - Nous allions partir dans une ferme des environs chercher du miel de pays.

CAMILLE - Alors bonne promenade, vous me raconterez tout au retour. Bon courage.

EGLANTINE - Au revoir.

Eglantine raccroche et s'apprête à partir quand Pierre revient.

PIERRE - Pardon, madame. Je croyais que vous étiez sortie.

EGLANTINE - Je pars, en effet. Mon mari m'attend pour la promenade.

PIERRE - Alors bonne promenade.

Eglantine sort. Pierre prend quelques papiers, tandis que Marion entre.

MARION - Alors, mon Pierrot, toujours le nez dans la paperasse ?

PIERRE - Marion, tu exagères ! Cela fait une demi-heure que je t'attends. Que faisais-tu ?

MARION - Je discutais avec M. Catrios.

PIERRE - Attention, Marion, c'est un coureur de jupons cet homme-là.

MARION *(d'un air innocent)* - Tu crois ?

PIERRE - J'en suis persuadé.

MARION *(enjouée et taquine)* - Alors j'ai peut-être ma chance !

PIERRE - Pas de bêtises ! Tu es venue pour m'aider, ne vas pas mettre la pagaille dans la clientèle. Je te le redis, Marion : attention, pas de bêtises, il est marié.

MARION - Et alors ? Ce n'est pas parce qu'on est au régime, que l'on ne doit pas regarder les beaux gâteaux !

PIERRE - Moi, je ne veux pas d'histoires.

MARION - Dis, mon Pierrot, elle est bien belle la femme de M. Catrios ?

PIERRE *(évasif)* - Oui, en effet, très belle.

MARION - Et toi tu es là à regarder et ça ne te fait rien ?

PIERRE - Cause pas tant et travaille. Il y a tout ça à ranger. *(Il montre les papiers et les journaux qui traînent.)*

MARION - Je peux causer et travailler en même temps. Alors ?

PIERRE - Alors quoi ?

MARION - Mme Catrios. Tu la trouves belle ?

Reproduction Interdite

PIERRE *(agacé)* - Mme Catrios, encore ! Oui, elle est belle, je te l'ai déjà dit : élégante, sensible et ayant, c'est sûr, le sens du devoir. Comme ma Simone. *(Marion pouffe de rire.)* Quoi ? Ma Simone n'était pas tout ça ?

MARION - Mais oui… Mais oui… Mais on peut s'amuser !

PIERRE - S'amuser ! Tu n'as que ce mot-là à la bouche ! Pour une femme, ce n'est pas correct. Tu veux que je te dise ? Tu es pire qu'un gars ! C'est presque toi qui dragues les hommes. Je n'en reviens pas ! Je ne comprends pas qu'avec toutes les œillades que tu lances à M. Catrios il ne soit pas tombé dans tes pattes. J'en suis même gêné.

MARION - C'est… fait.

PIERRE - Quoi ?

MARION - Il est tombé dans mes pattes.

PIERRE *(stupéfait)* - Quoi ?! Et quand ?

MARION - Dès le deuxième jour.

PIERRE - Ah non ! Pas chez moi ! Et la dame ?

MARION - Quelle dame ?

PIERRE - Mme Catrios. Elle le sait ?

MARION - Ne t'inquiète pas, mon Pierrot. Je ne lui ai pas envoyé un faire-part.

PIERRE *(abasourdi)* - Faire ça, à la maison, avec les clients… *(En colère.)* Tu veux faire tomber mon affaire ?

MARION - Tout de suite les drames ! Je ne l'ai pas forcé, tu sais. Lui aussi voulait bien, et depuis le premier jour.

PIERRE - Tu es la honte de la famille !

MARION - Eh bien, tant mieux. *(En colère.)* Et toi tu sais ce que tu es ? Un grand dadais, un saule pleureur ! Tu es triste comme un jour de pluie ! Je ne comprends même pas comment les clients restent !

PIERRE *(se laissant tomber dans le canapé)* - Ce n'est pas gentil ! Me faire et me dire ça, à moi… *(Pleureur.)* Tu sais bien que depuis la mort de ma pauvre Simone…

MARION - Même avant, elle t'avait complètement rabougri ta Simone. Ah ! elle doit bien rigoler de là-haut ! Toi si gai avant, qui avais plein de copains, du jour où elle t'a mis le grappin dessus, terminé ! Tu es devenu sinistre, ennuyeux, plus de fêtes, plus de copains…

PIERRE - Elle n'aimait pas ça.

MARION - Quoi ?

PIERRE - Que je sorte avec les copains.

MARION - Elle, ça ne l'empêchait pas de les voir.

PIERRE - Quoi ?

MARION - Rien. Je me comprends.

PIERRE - J'aimerais bien comprendre aussi.

MARION - Tu n'es pas prêt.

PIERRE - Prêt à quoi ? J'espère que tu ne critiques pas ma Simone, c'était une sainte femme.

MARION *(en colère)* - Oh ! et puis zut ! Parlons-en justement de la sainte Simone ! Laisse-moi rigoler ! Moi j'en ai marre de te voir pleurnicher sur ta Simone, ta douce Simone, ta tendre Simone. Une comédienne, ta Simone, et de grand talent, crois-moi, parce qu'elle jouait les petites femmes bien comme il faut par-devant, mais alors par-derrière…

PIERRE - Quoi, par-derrière ?

MARION - Je me comprends.

Reproduction Interdite

PIERRE - J'aimerais comprendre aussi.

MARION - Tu n'es pas prêt.

PIERRE *(en colère)* - Mais prêt à quoi, bon sang ?

MARION - A entendre.

PIERRE - Bon, ça suffit, explique les choses clairement. C'est agaçant à la fin !

MARION - Si tu veux, mais ne me fais pas la gueule après.

PIERRE - Vas-y.

MARION - Assieds-toi d'abord.

PIERRE - Tu en fais des manières ! *(Agacé.)* Voilà, je suis assis.

MARION *(allant chercher une bouteille et deux verres)* - Et un petit coup de cognac avant.

PIERRE - Tu as fini de te moquer de moi ? C'est pour aujourd'hui ou pour demain ?

MARION - Bois ton verre.

PIERRE - Tu sais bien que je ne bois jamais.

MARION - Oui, mais là, crois-moi, c'est indispensable.

PIERRE - Tu es vraiment pénible. Bon, je bois. *(Il boit.)* Alors ?

MARION - Bon, puisque depuis quinze ans tu es sourd et aveugle, et c'est pas les copains qui t'auraient dit quoi que ce soit, alors je vais te mettre les points sur les « i ». Ta Simone, chaque fois qu'elle allait en ville, c'était pas pour aller à confesse, crois-moi. Heureusement, sinon elle aurait dû y louer une chaise à l'année… *(Pierre est absent.)* Elle menait la vie, tu comprends ? *(Pierre est toujours absent. Elle lui sert un autre cognac qu'il boit.)* Ça va mieux ?

PIERRE - Je ne te crois pas. Je l'aurais su.

MARION - Mais mon pauvre Pierrot, tu sais bien que le cocu est toujours le dernier à le savoir !

PIERRE *(en colère)* - Dire du mal de ma Simone ! Espèce de menteuse ! Tu n'es qu'une peste !

MARION - Hep ! attention ! C'est toi qui as voulu savoir, alors calmos calmos ! *(Elle lui redonne un autre cognac.)* Et puis je n'en pouvais plus de te voir te morfondre sur ta Simone. Tu me critiques tout le temps, mais à côté d'elle je suis une vierge effarouchée.

PIERRE *(éclatant de rire)* - Vierge effarouchée, toi ? Effarouchée peut-être, mais alors vierge !

MARION - A côté d'elle, oui ! *(Pierre la regarde et éclate encore de rire.)* Tiens, je te le jure. *(Elle crache par terre.)*

PIERRE *(stupéfait)* - Ce n'est pas possible ! Ma Simone ? Ma Simone ?

MARION - Celle de beaucoup d'autres aussi.

PIERRE - C'est donc vrai ?

MARION - Ça fait une heure que je te l'explique. Il te faut un dessin ?

PIERRE - C'est dur à passer.

MARION *(lui servant un autre verre)* - Tiens, bois un coup, ça passera mieux.

PIERRE *(buvant)* - Je crois qu'il faut que ça fasse son chemin.

MARION - Alors fais vite, parce que j'en ai marre de voir ta tête de croque-mort.

PIERRE *(un peu pompette, buvant encore)* - Attends, je sens que ça chemine.

MARION - Tant mieux.

PIERRE *(reprenant un autre verre)* - Oh ! cette fois, ça re-chemine bien ! Hic ! *(Il rigole.)*

MARION - Allez, mon Pierrot, à la nôtre et à la joie retrouvée. *(Ils boivent.)* Tiens, un peu de musique.

PIERRE - Ah non ! Pas de musique ! Tu sais bien que Simone…

MARION - Mais tu me gaves avec ta Simone ! Qu'est-ce qu'il faut que je fasse pour que tu comprennes ? *(Elle se met derrière Pierre et dit de chaque côté de sa tête, comme un coucou.)* Cocu ! Cocu ! Cocu ! C'est pourtant pas compliqué ça ! Tu étais cocu !

PIERRE *(hagard, un peu pompette)* - Cocu ? Ah oui ! C'est vrai… Simone… avec les autres…

MARION *(s'affalant, épuisée, dans un fauteuil)* - Enfin ! Il a compris ! *(Elle se relève.)* Alors musique et ça se fête ! *(Ils boivent.)*

PIERRE - Tu ne crois pas que c'est un peu trop à la fois ?

MARION - Non. Aux grands désespoirs, il faut de grands remèdes.

PIERRE - Si tu le dis. Alors à la tienne.

MARION - Allez, viens mon Pierrot, viens danser. *(Elle met de la musique.)*

PIERRE *(se levant et tanguant un peu)* - Oh ! ça chauffe un peu ! J'ai pas l'habitude !

Ils dansent face au public.

MARION *(tout en dansant)* - Tu m'étonnes ! De l'eau matin, midi et soir, pendant quinze ans, et dans une région où on ne fait que du pinard, c'est un comble !

Pierre ne tient plus debout. Marion le raccompagne au canapé dans lequel il s'affale.

PIERRE - Dis, Marion, ils seraient bien contents les copains de me revoir ! Pas vrai, Marion ?

MARION - Mais oui ! Et tu sais quoi ? Bientôt on fera une fête ici.

PIERRE *(reprenant un verre)* - Ah ! mes copains, qu'est-ce que j'ai rigolé avec eux !

MARION - Ah ! les fiestas d'enfer ! C'était le bon temps… avant la Simone.

PIERRE *(en colère et pompette)* - Ah oui ! La garce de Simone !

MARION - C'est bien vrai ! Tiens, ça s'arrose !

A ce moment-là Victor et Eglantine entrent.

VICTOR - Oh ! mais on fête quelque chose ici ?

Marion se retourne vers Pierre, cuvant dans le canapé.

MARION - Oui, mon frère vient de retrouver sa cabèche.

PIERRE - Il l'avait perdue depuis longtemps ?

MARION - Pensez donc ! Quinze ans !

EGLANTINE - Oh ! le pauvre ! Et il l'a retrouvée où ?

MARION - Quoi ?

VICTOR - Sa cab… enfin, ce qu'il avait perdu.

MARION - Ah ! vous ne savez donc pas ce qu'est une cabèche ? Mais c'est la tête !

VICTOR - Il était simple d'esprit ? Je n'avais pas remarqué.

MARION - Mais pas du tout ! Il avait épousé, il y a quinze ans, une sacrée peste qui est morte.

EGLANTINE - Oh ! le pauvre homme ! C'est bien triste.

MARION - Non, c'est tout le contraire ! A présent, il revit. Hein, mon Pierrot ?

Pierre ouvre un œil, voit les autres, attrape la bouteille et les verres.

Reproduction Interdite

PIERRE - Ah! vous êtes là! Venez donc. Tenez, les cocus, ça s'arrose. *(En état d'ébriété, il sert tout le monde.)*

EGLANTINE *(sursautant de stupeur, croyant qu'il parle d'elle)* - Comment savez-vous?

MARION - Je viens de lui apprendre qu'il avait été cocu.

EGLANTINE *(se retournant vers son mari)* - Je croyais que votre réputation était arrivée jusqu'ici et que l'on parlait de moi.

VICTOR *(haussant les épaules, à Marion)* - Et comment l'a-t-il su?

MARION - C'est moi qui viens de le lui dire.

EGLANTINE - Mais c'est cruel!

MARION - Moi je n'en pouvais plus de voir mon frère se morfondre. Mais attendez que je vous explique. Simone, c'était sa femme. Une moins que rien et une cavaleuse. Il vient enfin de le comprendre. Alors il a un peu bu. Et il n'a pas l'habitude. Imaginez, quinze ans de restrictions et à tous les niveaux! *(Geste de haut en bas, au public.)* Vous voyez ce que je veux dire! *(A Eglantine et Victor.)* Alors que sa foutue Simone ne se privait de rien! Bref, la soupape a lâché quand il a su. Mais demain ça ira mieux. La vie sera belle.

PIERRE - Alors on trinque à la belle vie. *(Il ressert tout le monde.)*

VICTOR - Mon cher monsieur, ce cognac est un vrai délice.

PIERRE - Alors on trinque encore. Les cocus, moi je vous le dis, ça s'arrose. *(Il s'adresse au public.)* Y a bien des cocus dans la salle! Venez, on arrose! *(Puis pleurnichant.)* J'suis quand même pas le seul!

EGLANTINE *(pompette)* - Alors resservez-moi aussi. Ça me fera du bien. En fait, je crois que mon mari aurait adoré votre Simone.

VICTOR - Eglantine, je vous en prie. Vous avez bu. Et puis cela n'intéresse personne.

EGLANTINE - Oh que si! C'est un peu long à raconter, tant la liste est longue, mais cela sera très drôle…

VICTOR - Eglantine, vous devriez aller vous préparer pour le dîner. Montez. Je range la voiture et je vous rejoins.

EGLANTINE - Puisqu'il faut y aller… *(Elle part et voit que Victor n'a pas bougé. D'un ton autoritaire.)* Alors, mon cher, qu'attendez-vous pour venir ? Vous espérez que la voiture va se ranger toute seule ?

Victor la suit. Pierre, dans le canapé, s'endort. Marion range les verres et la bouteille. Victor revient. Marion se retourne et s'approche très près de lui.

MARION - Alors, beau gosse, on a des choses à cacher ?

VICTOR - Sornettes et sottises de femme.

MARION - Oui, c'est ce qu'ils disent tous. Mais vous savez, moi je m'en fiche. *(Elle s'approche encore plus près.)*

VICTOR - Attention ! Votre frère…

MARION - Oh ! ne vous inquiétez pas pour lui, il dort. *(Elle se colle à lui.)*

VICTOR - Oh ! vous ! *(Il l'enlace.)*

A ce moment-là, on entend en voix off Eglantine qui appelle.

EGLANTINE *(off)* - Victor ! Victor ! Victor !

VICTOR - Ciel, ma femme !

Victor regarde partout autour de lui. Marion lui montre qu'il faut se cacher sous la table. Il se cache. Eglantine entre.

EGLANTINE - Mademoiselle Marion, savez-vous où est mon mari ?

MARION - Non. Il est sorti en même temps que vous.

EGLANTINE - C'est ennuyeux. J'avais besoin de lui.

MARION - Il est peut-être encore dehors. Je dois partir. Si je le vois, je lui dis de vous rejoindre dans votre chambre.

EGLANTINE *(regardant Pierre)* - Oh! ce pauvre homme, dans quel état est-il! *(Pierre ne bouge pas. Elle se retourne et voit Marion.)* Alors, mon mari était dehors?

MARION - Je ne sais pas, je n'y suis pas encore allée. Mais vous pouvez monter dans votre chambre, je vous assure que dès que je le vois je lui dis de vous rejoindre.

EGLANTINE - Entendu. *(Elle se lève, s'apprête à partir. Soulagement de Marion. Mais elle se ravise aussitôt.)* Oh! vous savez, finalement, je vais rester ici. Je vais tenir compagnie à votre frère le temps que mon mari revienne.

MARION *(ennuyée, la poussant un peu vers la porte)* - Ce n'est pas nécessaire, vous savez. Mon frère peut rester seul, il a l'habitude.

EGLANTINE *(revenant vers le canapé)* - Mais pas du tout! Cela me fait plaisir de papoter avec votre frère, nous avons tant de choses en commun…

MARION *(la poussant encore vers la porte)* - Ne vous sentez pas obligée.

EGLANTINE *(revenant vers le canapé)* - Absolument pas. *(Pierre ouvre un œil.)* Alors, ça va mieux? Le coup a été rude, n'est-ce pas?

PIERRE *(se redressant, gêné)* - Vous êtes là? Excusez ma tenue, mais…

EGLANTINE - Ne vous inquiétez pas.

PIERRE *(en colère, voyant Marion)* - Tu ne devrais pas être à la poste à cette heure?

MARION - Oui, j'y vais tout de suite. *(Agacée, elle part.)*

EGLANTINE - Alors comment vous sentez-vous?

PIERRE *(gêné)* - Ce petit somme m'a fait du bien. Je m'excuse, ce n'est pas dans mes habitudes d'être ainsi.

EGLANTINE - Je sais. Et j'ai cru comprendre pourquoi.

Reproduction Interdite

PIERRE *(gêné)* - Ah ! vous savez !

EGLANTINE - Oui, mais ne soyez pas gêné. On est humilié la première fois, puis après on s'en moque.

PIERRE - Ah oui ! C'est vrai, vous aussi.

EGLANTINE - Comment le savez-vous ?

PIERRE *(très gêné)* - Euh… tout à l'heure, dans la conversation…

EGLANTINE - Peut-être. Bon, à présent, il faut vous remettre. Un bel homme comme vous ! Courage, vous allez faire une nouvelle rencontre, vous verrez.

PIERRE - Je crois que c'est fait.

EGLANTINE - Déjà ? Si vite ?

PIERRE - Oui.

EGLANTINE - Eh bien, tant mieux. Ne vous laissez pas aller. Un conseil : allez trouver cette femme et déclarez-lui votre amour.

PIERRE - Vous croyez ?

EGLANTINE - Evidemment !

PIERRE - Vous en êtes sûre ?

EGLANTINE - Mais oui ! Les femmes adorent qu'on leur fasse la cour. Comment est-elle ?

PIERRE - Qui ?

EGLANTINE - La femme que vous convoitez.

PIERRE - Charmante, douce, gaie…

Sous la table, Victor sort la tête face au public.

VICTOR *(dragueur et enjoué)* - Il faut qu'il me la présente !

PIERRE - Elle est belle comme « Le printemps » de Botticelli. Un teint sublime, je vous assure. De quoi faire pâlir les roses.

Victor, toujours sous la table, rigole et fait les violons.

EGLANTINE - Quel tableau et quel poète vous faites ! Elle a bien de la chance, vous savez. Les hommes comme vous, sensibles et délicats, ne courent pas les rues.

PIERRE - Vous croyez ?

EGLANTINE - J'en suis sûre. On trouve plutôt des égoïstes, mufles et coureurs comme mon mari

Victor, sous la table, fait un peu la tête.

PIERRE - Vous pensez donc que je peux lui déclarer ma flamme ?

EGLANTINE - Mais oui ! Osez, mon ami, osez. Vous permettez que je vous appelle « mon ami » ?

PIERRE - Oh oui ! Avec grand plaisir, pensez donc. Mais vous croyez vraiment que je dois lui dire ?

Victor, sous la table, continue de rire.

EGLANTINE - Je vais vous donner un conseil : vous devriez lui apporter des fleurs, elle en serait très touchée.

PIERRE - Vous avez raison. Il faut que je le fasse.

VICTOR *(sous la table)* - Mais quel idiot ! Avec moi ce serait réglé en deux minutes. Vas-y, mon gars ! Fonce ! Fonce !

EGLANTINE - Il y a longtemps que vous la connaissez ?

PIERRE - Non, pas très longtemps. Mais l'électrochoc que m'a donné Marion avec ses révélations m'a ouvert les yeux. La première vision que j'ai eue, c'est son visage de Madone.

EGLANTINE - Eh bien, elle doit vraiment être très belle.

Pierre, au bout du canapé, petit à petit au fil des prochaines répliques s'approche du fauteuil dans lequel Eglantine est assise.

Pierre - Plus que ça encore. Splendide, sublime… En fait, je crois qu'il n'y a pas de mots assez forts pour décrire sa beauté.

Victor *(sous la table)* - Mais quel crétin !

Eglantine - Je crois bien, mon ami, que ce que vous décrivez là, c'est l'amour. Vous avez dû avoir le coup de foudre sans vous en rendre compte.

Pierre - Oui, c'est possible.

Eglantine - Evidemment ! Avant vous ne pensiez qu'à votre Simo… Oh ! pardon !

Pierre - Oui, c'est ça. *(Aux anges.)* A présent tout est clair, lumineux. Je suis amoureux.

Victor *(sous la table, se moquant)* - Mon Dieu ! Qu'il est bête et drôle !

Eglantine - Un si bel homme si triste… Ça fait plaisir de vous voir avec un si beau sourire.

Pierre - Vous trouvez que je suis bel homme ?

Eglantine - Mais bien entendu ! Il faudrait être aveugle pour voir autre chose.

Pierre - Alors vous êtes sûre que je peux oser ?

Eglantine - Osez, mon ami, osez. Et écoutez mes conseils. Vous savez, les fleurs… Bon, à présent, il faut que je me prépare pour le dîner. Et tant pis, mon mari trouvera bien le chemin tout seul. Dieu seul sait où il traîne encore. A tout à l'heure.

> *Eglantine se lève et s'en va, mais avant qu'elle soit à la porte, Pierre se lève, prend les fleurs dans le vase et se jette à ses pieds.*

Pierre - Je dépose ces fleurs et mon cœur à vos pieds.

Eglantine - Mon ami, mais que faites-vous ?

Pierre - Ce que vous m'avez dit tout à l'heure.

Reproduction Interdite

Eglantine - Ah! vous vous exercez?!

Victor *(sous la table, rigolant)* - Mais quel crétin! Il faut qu'il s'exerce à présent!

Pierre - Pas du tout. C'est vous l'objet de mon amour.

Victor commence à faire grise mine.

Eglantine - Moi? Mais nous nous connaissons à peine!

Pierre - Vous avez dit vous-même que c'était le coup de foudre.

Eglantine - Oui, certainement…

Pierre - Vous me trouvez ridicule à présent que je suis à vos pieds?

Eglantine - Mais non! Surprise, tout au plus… et très flattée, j'en conviens.

Pierre - Alors vous n'êtes pas insensible à tout cela?

Eglantine - Non, mais je suis étonnée, ravie, bouleversée… Le sang me monte au visage.

Pierre *(se relevant)* - Alors vous partagez mes sentiments?

Eglantine - Je ne sais pas encore, c'est si nouveau pour moi…

Pierre - Pour moi aussi. Alors découvrons tout cela ensemble. Laissez-moi vous faire la cour, vous enlacer, vous embrasser…

Victor, sous la table, trépigne.

Eglantine - Doucement, mon ami, quelqu'un pourrait entrer.

Pierre - Qui?

Eglantine - Marion ou même mon mari.

Pierre - Marion est au village et votre mari sûrement avec elle.

Eglantine - Pardon?

Pierre - Oh! excusez-moi!

Eglantine - Donc c'est bien ce que je pensais. Mon mari et Marion? Avouez.

Pierre - Oui… Depuis le deuxième soir.

Eglantine - Le goujat! Il ne changera jamais.

Pierre - Je suis désolé.

Victor *(sous la table)* - Le sale type! Et la solidarité masculine alors?

Eglantine - Ce n'est pas de votre faute. Vous savez, avec mon mari, rien ne change, même à la campagne.

Pierre - Mais tout est changé.

Eglantine - Vous trouvez?

Pierre - Mais oui! Vous et moi…

Eglantine - Pardon?

Pierre - Oui, vous et moi. Je suis si heureux que vous soyez là! Et je le sais à présent : je suis fou de vous, fou d'amour pour vous. *(Il l'enlace.)*

Eglantine - Oh! mon ami, quelle fougue! J'en ai la tête qui tourne!

Pierre - Moi aussi, et j'avoue que c'est très agréable.

Eglantine - Pour moi aussi. Un véritable tourbillon.

Pierre - Alors laissons-nous griser par ce tourbillon. Nous avons assez perdu de temps. Venez, ma douce, suivez-moi. *(Il la prend par la taille et part en chantant.)* « Oh! mon Eglantina bella tchi tchi… »

Pierre et Eglantine sortent.
Victor, blême, sort de sous la table à quatre pattes lorsque Marion entre.

MARION - Que faites-vous à quatre pattes ? Vous avez perdu quelque chose ?

VICTOR *(rouge et très énervé, se levant)* - Ah ! si vous saviez ! Si vous saviez !

MARION - Expliquez-vous et surtout calmez-vous. Vous êtes dans un état !

VICTOR *(en colère)* - Ma femme… Ma femme…

MARION - Quoi, votre femme ?

VICTOR - Et votre frère…

MARION - Quoi, mon frère ? Vous êtes tout rouge ! Calmez-vous, reprenez votre souffle. Alors, qu'y a-t-il ?

VICTOR - Votre frère et ma femme sont sortis d'ici à l'instant. *(Il montre la porte.)*

MARION - Eh bien, rien de plus normal ! C'est l'heure du dîner et cette porte mène à la salle à manger. A vingt heures, cela me semble assez logique.

VICTOR - Cela m'étonnerait. Ils étaient enlacés.

MARION - Enlacés ? Vous avez bu. Mon frère et votre femme ?

VICTOR - Oui. Et je n'ai pas bu ! *(Enervé.)* Ils étaient enlacés, enlacés, enlacés…

MARION - Soyez plus clair. Je ne comprends rien à votre charabia.

VICTOR - Oui, mais tout s'embrouille, je ne sais pas par où commencer.

MARION - Par le début me semble assez logique.

VICTOR - Tiens, cette réflexion me rappelle quelque chose… *(Il réfléchit.)*

MARION - Alors, ça vient cette explication ?

Reproduction Interdite

VICTOR - Ah oui ! Quand ma femme est arrivée tout à l'heure, votre frère dormait.

MARION - Oui, je sais. *(Câline.)* J'étais même dans vos bras.

VICTOR *(l'air absent)* - Ah oui ! C'est vrai !

MARION *(vexée)* - Merci de vous en souvenir.

VICTOR *(trépignant)* - Pas de caprice, la situation est grave ! Très grave !

MARION - Vous êtes malade. *(Elle lui touche le front.)* Vous avez de la fièvre ?

VICTOR - Non… mais… mais…

MARION - Mais quoi ? Asseyez-vous et soyez plus clair, je ne comprends rien.

VICTOR - Je vais essayer d'être clair. Vous vous souvenez que je me suis caché sous la table ?

MARION *(agacée)* - Oui, et alors ?

VICTOR - Ma femme a discuté avec votre frère.

MARION - Ah ! très bien ! Alors il s'était réveillé ?

VICTOR - Ne m'interrompez pas ! C'est déjà assez difficile comme ça. Bref, ils ont discuté assez longtemps. Plus qu'il ne faut, même.

MARION *(moqueuse)* - Monsieur est jaloux ?

VICTOR - Là n'est pas la question. *(Il se ravise.)* Ou plutôt oui, là est toute la question.

MARION - Pardon ? Décidément, je ne comprends rien.

VICTOR - Mais écoutez-moi !

MARION - Je ne fais que ça.

VICTOR - Bon. Donc, votre frère, je le préférais avant que vous lui appreniez toutes ces choses sur sa femme.

MARION - Pourquoi? Je ne vois pas le rapport. Et je vous assure qu'il est bien mieux maintenant. Il est redevenu comme avant : souriant, boute-en-train… Il suffisait de lui laisser le temps de digérer la nouvelle et…

VICTOR - Croyez-moi, c'est fait.

MARION - Comment ça?

VICTOR - Oui. Il cache bien son jeu. Et il est plutôt rapide comme gars. Il ne lui a pas fallu longtemps pour oublier sa femme, c'est le moins qu'on puisse dire.

MARION - Je ne connais pas encore les détails de l'affaire, mais je vous assure que pour moi c'est une excellente nouvelle.

VICTOR - Eh bien, pas pour moi.

MARION - Mais pourquoi dites-vous ça?

VICTOR - Vous êtes plutôt dure de la comprenette! Cela fait un quart d'heure que je vous dis que ma femme et votre frère…

MARION *(surprise)* - Mon frère et votre femme?

VICTOR - Enfin, vous avez compris!

MARION *(catégorique)* - Impossible.

VICTOR - Comment cela, impossible? J'étais là. J'ai tout vu et j'ai tout entendu.

MARION - Ah bon! Sous la table! C'est ça!

VICTOR - Dieu soit loué! Vous comprenez à présent?

MARION - Oui, mais où est le problème?

VICTOR *(exaspéré, se levant)* - Mais enfin, c'est évident : ma femme me trompe.

MARION - La belle affaire! Vous aussi vous la trompez.

VICTOR - Ça n'a rien à voir, ce n'est pas pareil.

MARION *(en colère, se levant aussi)* - Voilà bien une réflexion d'homme ! Mais c'est exactement la même chose, à une différence près : c'est que vous, cela fait au moins vingt ans que vous la trompez. Elle, cela ne fait que vingt minutes. Alors, entre nous, c'est bien fait.

VICTOR *(surpris et énervé)* - Quoi ? Vous trouvez ça normal ? Vous lui donnez raison ?

MARION - Mais vous êtes incroyable ! Vous vous rendez compte de ce que vous lui avez fait subir pendant vingt ans ? Elle a eu de la constance. Vous savez quoi ? Elle devrait être décorée d'avoir tenu si longtemps.

VICTOR *(pleurnichard)* - Mais qu'est-ce que je vais devenir ? Mais qu'est-ce que je vais devenir ?

MARION - Mais quel égoïste ! Vous, toujours vous… Eh bien, vous serez comme les autres : un cocu.

VICTOR *(pleurnichard et horrifié)* - Moi, cocu ? Oh non ! Moi cocu ? Ce n'est pas possible ! Cocu ? Cocu ? Mais quelle horreur ! *(Il se laisse tomber dans un fauteuil.)* Me faire ça à moi ! Cocu ! Cocu !

MARION *(toute douce)* - Consolez-vous. *(Elle s'assied sur ses genoux, très câline.)* J'adore les cocus.

FIN

AVIS IMPORTANT

Cette pièce de théâtre fait partie du répertoire de la Société des Auteurs et Compositeurs Dramatiques, 11 bis rue Ballu 75442 PARIS Cedex 09. Tél. : 01 40 23 44 44. Elle ne peut donc être jouée sans l'autorisation de cette société.

Nous conseillons d'en faire la demande avant de commencer les répétitions.

ATTENTION

Aux termes du Code de la propriété intellectuelle, toute reproduction ou représentation, intégrale ou partielle de la présente publication, faite par quelque procédé que ce soit (reprographie, microfilmage, scannérisation, numérisation...) sans le consentement de l'éditeur est illicite (article L. 122-4 du Code de la propriété intellectuelle) et constitue une contrefaçon sanctionnée par les articles L. 335-2 et suivants du même Code.

Imprimé à la demande par Libri Plureos GmbH, Bad Hersfeld, Allemagne

Première édition, dépôt légal : mai 2006
N° d'édition : 200618
ISBN : 2-84422-507-1